Verliert Europa sein Gesicht?

Über den Autor

Pirmin A. Breig wurde 1968 in Basel geboren. Er studierte zuerst Medizin, dann Kunstgeschichte, Geschichte und Philosophie. Anschliessend Malerei. Er führte in Basel eine Kunstgalerie, in der er verschiedenen Künstlerinnen und Künstlern aus Europa die Möglichkeit bot auszustellen. Eine Ausstellung für eine russische Künstlerin fand in Zusammenarbeit mit der Botschaft der Russischen Föderation zum 300-jährigen Bestehen der Stadt St. Petersburg statt. Er bezeichnet sich als Denker, der sich keiner Ideologie, aber auch keiner politischen Partei verpflichtet fühlt.

Verliert

EUROPA

sein Gesicht?

Gedanken über Europa und jene Kräfte, die es
aufgeben oder verhindern (oder sogar zerstören?)
wollen – und was man dagegen tun kann

Bibliografische Information der Deutschen Nationalbibliothek:
Die Deutsche Nationalbibliothek verzeichnet diese Publikation
in der Deutschen Nationalbibliografie; detaillierte bibliografische
Daten sind im Internet über http://dnb.dnb.de abrufbar.

Satz, Umschlaggestaltung, Herstellung und Verlag:
BoD - Books on Demand

ISBN: 978-3-7460-0011-4

Inhalt

Vorwort

Um es vorwegzunehmen: Ich bin nicht Bürger der EU, ich bin Schweizer. Das heisst, ich dürfte mich nicht in die Angelegenheiten Europas oder der EU einmischen. Aber ich tue es trotzdem. Weil ich als Schweizer dennoch Bewohner Europas bin – die Schweiz liegt inmitten von Europa. Und weil ich nicht einer jener Schweizer bin, die die Schweiz von Europa abschotten wollen. Im Gegenteil: Ich wohne in Basel, das als Agglomeration selber als »Europa im Kleinen« bezeichnet werden kann. Denn Basel als Agglomeration, die fast eine Million Menschen umfasst, ist trinational. Sie besteht aus den Ländern Schweiz, Deutschland und Frankreich. Ein Zusammenarbeiten und ein Miteinander gehören hier zur Tagesordnung, zur Pflicht. Weil sonst die gesamte Agglomeration, wirtschaftlich, kulturell, menschlich, in sich zusammenfiele. Es wäre ein Desaster, wenn sich Basel von Europa und somit vom »Ausland«, vielleicht, weil es die Schweiz per Abstimmung und Gesetz so möchte, abschotten müsste.

Dass die Schweiz nichts mit Europa zu tun haben will, hat also nicht mit Basel, sondern mehr mit anderen Gründen zu tun. Hauptsächlich mit der rechtsnationalen Schweizerischen Volkspartei, die Stimmung gegen Europa macht. Würde die Schweiz mehr auf Basel hören oder auch mehr selbst wie Basel, geografisch, menschlich, kulturell, mit Europa verbunden sein, so wäre sie wohl nicht nur vom Einfluss einer SVP, sondern auch mehr von Europa geprägt. In dem Sinne kann man sich fragen: Gehören Basel und die Schweiz wirklich zusammen?

Wenn ich mich für Europa interessiere, so liegt das daran,

dass ich mich mit Europa verbunden fühle. Denn für mich hat Europa eine besondere Bedeutung. Nämlich die Bedeutung, ein Kontinent zu sein, der sich für den Menschen und für die Menschlichkeit und deshalb auch für die Vernunft einsetzt. Nicht umsonst entstanden in Europa Humanismus und Aufklärung – und letztlich daraus sogar die Menschenrechte. (Oder das Rote Kreuz in Genf.) Der Mensch ist also das zentrale Thema dieses Kontinents.

Leider wird dieses zentrale Thema jetzt wieder von rechtsnationalen Strömungen arg strapaziert und infrage gestellt. Es wird so sehr infrage gestellt, dass man sich überlegt, ob Europa dabei ist, seine Bedeutung zu verlieren – und es tatsächlich, wie die griechische Mythologie in Bezug auf die von Zeus entführte Europa erzählt, aufgegeben werden muss, weil es nicht (mehr) gefunden werden kann. Denn rechtsnationalen Strömungen geht es nicht um den Menschen, sondern nur um sich selbst. Und somit um ihre eigene Macht. Und um Gewalt und Arroganz. Und um »Selbstverwirklichung«. Empathie, Vernunft und Rücksichtnahme sind Fehlanzeige. Wie Panzer überrollen sie die Menschen und die Welt.

Ich habe mir also Gedanken zu Europa gemacht. Über die Ursachen seiner Probleme und wie diese zu bewältigten wären. Ob sie gelesen werden, weiss ich nicht. Ich hoffe es. Vielleicht konnte ich als Bürger eines Landes, das nicht zur EU gehört, also als jemand, der, frei nach Nietzsche, die Stadt verlassen hat, besser sehen, wie hoch sich ihre Türme über die Häuser erheben?

PIRMIN A. BREIG, Basel, im Oktober 2017

Über Europa allgemein

In der griechischen Mythologie wird Europa als Tochter des phönizischen Königs Agenor und der Telephassa beschrieben. Da sich Zeus, der Göttervater, in sie verliebte und sie deshalb, wie er meinte, in Besitz nehmen wollte, entführte er sie. Er entführte sie, indem er sich als Stier zeigte und sie so auf den Rücken nahm, also wohl verführte. Die Mutter von Europa, Telephassa, machte sich gemeinsam mit ihren Söhnen, den Söhnen Kadmos, Phoinix und Kilix, auf den Weg, ihre Tochter zu suchen, jedoch vergeblich. Europa schien verloren und auch die Mutter samt ihren Söhnen. Denn es war die Bedingung, erst dann gemeinsam wieder zurückzukehren, wenn sie Europa gefunden hätten.

Der Name Europa kann, aus dem Altgriechischen übersetzt, als »die mit der weiten Sicht« (auch Vorsehung?) oder als »die mit dem umfassenden Gesicht« beschrieben werden. Wenn Europa als »die mit dem umfassenden Gesicht« verstanden wird, kann dies vielleicht auch heissen, dass sie die mit dem menschlichen Antlitz ist?

Über die Schweiz und Europa

In meiner Schrift über Basel und die Schweiz[1] schildere ich, wie die Schweiz Gefahr läuft, ihre eigentliche Bedeutung zu verlieren, wenn sie ihre Aufrechte vergisst und sich nur noch von ihrer Waagrechten bestimmen lässt. Die Waagrechte und die Senkrechte bilden gemeinsam das Kreuz, wie es die Schweiz selbst als Symbol in ihr Wappen aufgenommen hat – und als Symbol Ausdruck des Menschen ist. Die Schweiz könnte, wenn sie sich im Sinne des Kreuzes verstünde, Grundlage für Europa sein. Leider wird sie zurzeit von Kräften bestimmt, die Europa ablehnen und die Schweiz von Europa abschotten wollen, obwohl sich das Land, geografisch gesehen, selber inmitten Europas, also in dessen »Herzen«, befindet.

Über Europa und die Gesetze der Senkrechten

Auch Europa droht das Schicksal, seine Bedeutung zu verlieren, wenn es meint, sich (allein) von der Waagrechten bestimmen zu lassen. Denn wenn (allein) die Waagrechte bestimmt, dann gelten die Gesetze der Waagrechten und nicht mehr die Gesetze der Senkrechten. Die Gesetze der

---

[1] Siehe: »Basel, das Haupt der Schweiz und das (Schweizer) Tor zu Europa – oder warum Basel der Schweiz eine andere Bedeutung geben könnte«, ebenso bei BoD erschienen.

Senkrechten sind die Gesetze des Menschen, nämlich die Menschlichkeit, die Aufklärung oder die Vernunft.

Die Gesetze der Waagrechten dagegen sind die Gesetze des Darwinismus, aber auch die Gesetze der Verklärung und der Abschottung, so wie sie besonders rechtsnationale Strömungen in sich tragen und – lauthals mit ihren Kehlköpfen – zurzeit überall in Europa als Ziele und »Werte« vertreten. Abschottung zum Beispiel zum Zwecke einer vermeintlichen »Arterhaltung« oder der Absicherung des eigenen Reichtums, den man umso mehr und allein für sich horten will. Und Verklärung in Bezug auf ein Menschen- und Nationenbild, das man sich selber zurechtlegt, auch wenn es nicht oder nicht mehr der Realität entspricht. Und Darwinismus im Sinne eines Sozialabbaus oder, zwecks eigener Selbsterhöhung und Raffgier, im Sinne eines Eliminierens von scheinbaren Konkurrenten oder Feinden. Oder gesellschaftlich Schwächeren. Indem man diese an den Rand drängt, verdrängt, ja gar zum Teil kriminalisiert oder generell in ihrer Bedeutung und Funktion kleinredet, entwertet.

Die Waagrechte und die Vergangenheit

Die Gesetze der Waagrechten führen den Menschen in die Vergangenheit, sodass deshalb wohl die Protagonisten solcher rechtsnationalen Strömungen die Vergangenheit heroisieren und verklären, als Ideale vertreten und auch in dieser gedanklich selbst leben. Dies im Gegensatz zu den Gesetzen der Senkrechten oder Aufrechten, die als »Gesetze des Menschen« den Menschen als unabhängiges, freies und soziales Wesen verstehen, das, aufgeklärt und selbstbewusst, in Gemeinsamkeit in Richtung Zukunft schreitet.

Das Volk und dessen Herrschaft als Staatsform

Da die Protagonisten der Waagrechten für ihre Absichten das Volk benötigen, das sie immerwährend emotional aufrüsten und mit Wut und Hasstiraden nähren, damit es gefügig bleibt und willfährig wird, statt es zu besänftigen und mit Vernunft und Weitsicht zu versehen – und je primitiver, einfacher oder verletzender ihre Wut- und Hasstiraden zum Teil sind, desto mehr finden sie beim Volk Anklang –, und es als unmündige Masse bewahren wollen, um so über diese zu bestimmen, kann man sich zu Recht fragen, ob die Demokratie als Staatsform, die die Herrschaft des Volkes bedeutet, nicht durch eine Staatsform geändert werden müsste, in der mündige, aufgeklärte Menschen gemeinsam die Geschicke des Staates, und zwar im Sinne des Menschen, bestimmen, sodass das Volk dadurch im gewissen Sinne, zumindest solange es nicht aus einzelnen, mündigen und aufgeklärten Menschen besteht, »entmachtet« oder sogar »entmündigt« wird.

Denn es ist die Tragik des Volkes, oder zumindest der Mehrheit davon, dass es letztlich doch nur ein Kollektiv unmündiger und nicht eine Gemeinschaft aufgeklärter Menschen ist. Das heisst: Es kann als solches, also in seiner Gesamtheit aller darinnen befindlichen Menschen, deshalb nicht selbstständig denken, sondern – höchstens – nur nachdenken und sich umso mehr allein von Emotionen (und Trieben) leiten lassen. Was nützt es also, die Herrschaft dem Volk zu überlassen, wenn dieses in seiner Aufgabe überfordert ist und so sich selbst sogar ins Verderben führt? Denn je geschickter die Protagonisten der Waagrechten in ihrem Auftreten, in ihrer Rhetorik und ihren Hetztiraden sind, desto mehr und einfacher lässt es sich von diesen verführen, selbst wenn es damit in das eigene Verderben geführt wird. Oder warum sonst haben Protagonisten der Waagrechten heute wieder so viel Erfolg und Zulauf, obwohl Europa doch zwei schreckliche Weltkriege hinter sich hat?

Es ist das Negative, das Schimpfen und Schlechtmachen, das »Wutbürgertum« und das »Kleinmachen anderer«, was ihm am meisten gefällt. Auch Sexismus und Rassismus gehören dazu – auch wenn es sich vielleicht vordergründig darüber empört. Und das Finden von Schuldigen und Feinden, über die es dann selber herfallen kann. Mit Vernunft, Einsicht und Weitsicht kann es dagegen weniger oder überhaupt nichts anfangen. Adolf Hitler hat das deutsche Volk ins Verderben geführt, indem er das Judentum zum Schuldigen erklärte. Auch Donald Trump scheint vorab mit seinen sexistischen und beleidigenden Reden Präsident von Amerika geworden zu sein. Und Christoph Blocher in der Schweiz, der sich gedanklich in der Zeit von Niklaus von Flüe oder, noch schlimmer, bei Wilhelm Tell befindet, bringt es mit Geschimpfe gegen Ausländer und die EU zustande, die Schweiz unter seine Gewalt zu bringen, sodass er jedes Mal, wenn er auch nur einen Ton sagt, eine Plattform in allen Medien erhält. Er schimpft gegen die Ausländer und die EU, also gegen die »fremden Herren«, die der Schweiz schaden wollen, obwohl er selbst mit seiner EMS-Chemie, die in mehr als 20 Ländern Niederlassungen pflegt, also mit Ausländern und der EU, seinen »fremden Herren«, Milliardär (!) werden konnte. Nun will er seine Milliarden horten, sodass er auch gegen »fremde Richter«, also gegen Richter der EU, schimpft. Denn diese könnten den Schweizer Banken gefährlich werden, da sie beispielsweise Gesetze verlangen, die für alle Staaten gleich sein sollen. Steueroasen würden damit nicht mehr möglich sein.

Das Leben in der Vergangenheit als Tragik

Die Tragik bei Menschen, die sich wie Christoph Blocher gedanklich in einer anderen Zeit befinden, ist, dass sie auf diese ihre Situation selbst nicht angesprochen werden können. Weil sie, gedanklich, in dieser Zeit leben. So wie jemand, der meint, er wäre Napoleon, nicht davon überzeugt werden kann, dass er nicht Napoleon, sondern er selbst wäre. Wenn Christoph Blocher also bei all den EU-Staaten, die die Schweiz umgeben und damit »bedrohen«, von »fremden Herren« spricht, die der Schweiz ihre »Eigenbestimmung« wegnehmen wollen, so ist das für ihn Realität. Also Realität, obwohl die wirkliche Realität, also die Realität heute, im mittlerweile 21. Jahrhundert, nun eine ganz andere ist. Das heisst, bei den EU-Staaten, die die Schweiz umschliessen und somit »belagern«, handelt es sich für ihn tatsächlich um jene »fremden Herren«, gegen die sich schon ein Niklaus von Flüe oder Wilhelm Tell, auch wenn Letzterer nur als fiktive Gestalt existiert, gewehrt hatten! Er sieht also überall Feinde um sich, mit denen er es alleine aufnehmen will oder – in seinem missionarischen Eifer – alleine aufnehmen *muss* und sich dabei (wie alle seine hörigen Parteikumpane) in einem Dauer-Kriegszustand befindet.

Die Tatsache, dass wir heute in einer vollkommen anderen, nämlich globalisierten Welt leben, negiert er – obwohl er selbst mit dieser globalisierten Welt Geschäfte macht oder Geschäfte machte.

Da ist ein Riss in seinem Bewusstsein, den er nicht wahrnimmt oder nicht wahrnehmen will. Auch weil er innerhalb der Schweiz selber überall als »fremder Herr« auftritt, der das gesamte Land unter seine Herrschaft zwingen will. Er selbst ist es, der anderen seine Herrschaft aufzwingen will, der gegenüber anderen keine Rücksicht kennt und diese versucht, beispielsweise mit seinen unzähligen politischen Initiativen, die die Schweiz in Richtung seiner Ideologie steuern sollen[2], ganz in seinem Sinne in die Knie zu zwingen, gefügig zu machen.

Eigentlich sind es die Vertreter aller rechtsnationalen Strömungen, die gedanklich nicht im Jetzt, sondern in der Vergangenheit leben und diese umso mehr in das Jetzt hineinzwängen wollen. Angefangen von den Reichsbürgern in Deutschland über die AfD, den Front National in Frankreich oder die SVP in der Schweiz bis hin zu den Neonazis in aller Herren Länder.

---

2   Oder aber auch mit seiner Basler Zeitung, die er deswegen wohl aufgekauft und mit einem SVP-Sympathisanten als Chefredakteur versehen hat. Denn seit sie in SVP-treuen Händen ist, hat sie ihren Charakter, zu Ungunsten Basels, verändert. Sie bringt nicht mehr den weltoffenen Geist Basels zum Ausdruck, sondern vielmehr das Denken einer SVP. Dasselbe erlebte die Weltwoche, die unter dem SVP-Mann Köppel, der als gerngesehener Gast in deutschen TV-Talks als » richtiger Schweizer « ungeniert sein Schweizbild vertreten darf, ebenso eine Zeitung geworden ist, die die EU bekämpft und die Abschottung preist – und das Schweizer Bankgeheimnis lobt.“

Über die Waagrechte –
wer oder was ist sie?

Die Waagrechte bei einem Land ist, geografisch gesehen, die Ost-West- beziehungsweise die West-Ost-Ausrichtung. Wenn wir die Waagrechte in der Natur suchen, so stellen wir fest, dass sie mit dem Tier in Zusammenhang steht. Das Tier geht auf allen vieren und ist nicht fähig, aufrecht zu gehen. Es bleibt in der Horizontalen, selbst wenn es versucht, sich aufzurichten oder wie der Affe auf zwei Beinen zu gehen. Auch besitzt es kein menschliches Antlitz, sodass wohl das menschliche Antlitz mit der Aufrechten oder der Senkrechten und nicht mit der Waagrechten und deshalb auch nicht mit dem Tier in Zusammenhang steht. »Stehe auf! Nimm dein Bett und gehe!«, ist also die Aufforderung, wenn man den Menschen zum Menschen führen und ihn vom Tiersein oder von der Waagrechten befreien will. Die Aufrechte (oder das Aufrichtige?) macht auch bewusst und aufgeklärt, im Gegensatz zur Waagrechten, die den Menschen, so wie das Tier, schlafend und unbewusst – und letztlich verklärt bleiben lässt.

Das selbstständige Denken
als Merkmal des Menschen

Deshalb gibt es noch ein anderes Merkmal, das die Aufrechte mit dem Menschen und die Waagrechte mit dem Tier in Zusammenhang bringt, nämlich das (selbstständige) Denken und somit der Kopf. Also der Kopf, der das symbolische Kreuz erst eigentlich zum Kreuz macht, weil er das Tau, also das Kreuz ohne Kopfteil, das der symbolische Ausdruck des Tieres ist, auch erst zu einem Kreuz des Menschen macht. Denn erst das (selbstständige) Denken und der Kopf machen den Menschen bewusst und wach – und aufgeklärt. Und somit zum Ausdruck des symbolischen Kreuzes, also zum wirklichen Menschen.

Der Kehlkopf als »Kopf« des Tieres

Dies im Gegensatz beispielsweise zum Kehlkopf, der der Kopf der Waagrechten ist und deshalb besonders (oftmals gemeinsam mit den Sexualkräften) von den Vertretern der Waagrechten für ihre Zwecke »ausgebildet« und genutzt wird. Denn je mehr Menschen sich gedanklich, ideologisch und auch emotional in die Waagrechte begeben, desto mehr brüllen sie – auch im übertragenen Sinne – los, kopflos, ohne Vernunft, ganz Tier, um ihre Ideologie zu verkünden – und desto mehr versuchen sie auch, den Menschen zu manipulieren.

Die Bemühung der Aufklärer, die, wie Immanuel Kant,

beim Menschen das (selbstständige) Denken forderten, ist also nicht einfach nur so dahingeredet, sondern durchaus Ausdruck von Wissen und Weitsicht. Weitsicht aufgrund bewusster Erkenntnis. Um nämlich den Menschen nicht nur von seiner selbstverschuldeten Unmündigkeit, sondern vor allem wohl auch von seinem allein nach der Waagrechten hin ausgerichteten Tiersein zu befreien. Denn erst, wenn der Mensch sich von seinem allein nach der Waagrechten hin ausgerichteten Tiersein befreit hat, kann er als Mensch wirklich Mensch sein beziehungsweise als wirklicher Mensch erachtet werden. Das wussten die Aufklärer, zumindest viele davon – oder sie ahnten es.[3]

Die Aufrechte und die Zukunft

Doch als solcher blickt er dann in die Zukunft und weniger in die Vergangenheit. Das heisst, wenn er in die Vergangenheit blickt, dann nur eigentlich insofern und deshalb, weil er aus der Vergangenheit lernen will – und nicht, wie beispielswiese die Vertreter von rechtsnationalen Strömungen, weil er sich mit der Vergangenheit persönlich verbinden, sich in

---

3 Einer, der dies nach Voltaire nicht gewusst haben könnte, war vielleicht Jean-Jacques Rousseau. In einem Brief an Rousseau als Antwort auf dessen Buch »Emile oder über die Erziehung«, in dem dieser das Ziel der *Erziehung* als das der *Natur* selbst erklärte, schrieb Voltaire sehr hämisch, verspottend: »Niemand hat es mit mehr Geist unternommen, uns zu Tieren zu machen, als Sie; das Lesen Ihres Buches erweckt in einem das Bedürfnis, auf allen vieren herumzulaufen.«

diese hineinversetzen und diese als Ausgangspunkt für seine weiteren Gedanken und Entscheidungen dann nehmen will.

Einem wirklich aufgeklärten Menschen käme es also niemals in den Sinn, die Vergangenheit als Grundlage für das Jetzt zu verstehen, indem er das Jetzt ganz nach dieser Vergangenheit ausrichten und gestalten und verstehen will. So was tun nur rechtsnationale Kräfte (leider aber auch Vertreter von Religionen, wie wir später noch sehen, sodass diese deshalb beispielsweise auch nichts von einer Gleichstellung von Mann und Frau wissen wollen), weil sie in der Waagrechten leben, also nicht in der Aufrechten und somit nicht wirklich Mensch sein wollen. Denn die Waagrechte ist Ausdruck des Tieres – und deshalb beispielsweise auch Ausdruck des Darwinismus, der sich gegen den (sozial) Schwächeren, auch gegen Ausländer stellt, diese wie im Tierreich aus der »Sippe« verbannen, ausschliessen will. Und auch Ausdruck der Abschottung und der Verklärung. So wie die Neonazis in der Zeit Hitlers leben, lebte Hitler in der Zeit des Römer- und Germanentums (oder in den Abenteuerromanen von Karl May, die er übrigens allen seinen Chefs um sich zum Lesen empfahl).

Rechtsnationale leben immer in anderen Zeiten, nämlich in vergangenen. Sie leben nicht im Jetzt. (Wie übrigens auch die Linksradikalen oder die »Autonomen«, bei denen ein ähnliches Problem besteht, sodass auch auf diese hier eingegangen werden müsste. Auch ihre Welten entsprechen nicht (mehr) der Realität. Deshalb wohl neigen Linksradikale oder »Autonome« ebenso zu Totalitarismus oder sogar zu Gewalt.)

Über das menschliche Denken allgemein – und die Kräfte des Kehlkopfs

Wenn man den Menschen betrachtet, in seiner Gestalt, so ist bei ihm, wie beim symbolischen Kreuz, oben der Kopf. Der Kopf ist der Ort des Denkens. Er ist dann aber auch, nämlich als Konsequenz davon, wie dies bereits der französische Philosoph René Descartes im 17. Jahrhundert mit seinem Satz »Ich denke, also bin ich« formuliert hat, der Ort, oder besser der Wirkungs- oder gar Ausdrucksort, des Ichs. Weil das (selbstständige) Denken im unmittelbaren Zusammenhang mit dem menschlichen Ich steht. Denn ein Mensch, der nicht denken kann (oder nicht denken darf oder denken will), ist (oder wird) nicht bewusst und deshalb letztlich auch nicht wirklich »ich-haft«. So wie das beim Tier der Fall ist, dem man deshalb, weil es nicht (selbstständig) denken kann, letztlich auch, selbst wenn es eine Seele oder ein »Seelenähnliches« besitzt, kein individuelles Ich zuordnen kann. Das (selbstständige) Denken ist also eines jener Merkmale, die den Menschen vom Tier unterscheiden. Deshalb muss es beim Menschen umso mehr angesprochen und zur Anwendung gebracht werden. Dies im Gegensatz zum Nachdenken oder zu den Emotionen[4] und zum Trieb, die alle letztlich, mit Ausnahme vielleicht des Nachdenkens, mehr Ausdruck des Tieres sind. Dem Tier fehlen die Vernunft und die Einsicht – und das Menschliche. Diese Qualitäten besitzt nur

---

4   Emotionen sind nicht zu verwechseln mit Gefühlen oder Empfindungen, die beide eindeutiger Ausdruck des Menschen sind. Natürlich sind auch Emotionen etwas Gutes und gehören zum Menschen. Wer wollte sie vermissen? Sobald sie aber Ausdruck des Triebes sind, werden sie Ausdruck des allein Tierischen und somit gefährlich.

der Mensch. Nur er ist deshalb ein vernunftbegabtes Wesen, das aus Vernunft heraus handeln kann. Das Tier dagegen agiert oder reagiert aus seinen Trieben, aus seinem Instinkt heraus.

Das Denken untersagen heisst »ent-ichen«

Deshalb geht jede Bemühung, dem Menschen das (selbstständige) Denken wegzunehmen oder zu untersagen, mit der Bemühung einher, den Menschen zu »ent-ichen« – und so letztlich (wieder) zum (Herden-)Tier zu machen. Indem man ihn unselbstständig, unmündig und abhängig macht. Abhängig von einer ihm übergeordneten Führungs- oder sogar Führer-Instanz (»Leittier«). Oder aber von einer (Lehr-)Meinung, die ihm dann vorgibt, sei es als Doktrin oder als Programm oder als Glaube oder Dogma, so wie man das von Diktaturen und ideologischen Richtungen (aber auch von Religionen) her kennt, was er zu denken, zu glauben oder generell für richtig oder für falsch zu erachten und anzuerkennen hat. Sein Denken wird dann ausgeschaltet und von einer (oder mehreren) dieser Instanzen oder (Lehr-)Meinung(en) übernommen. Mit der Gefahr oder Konsequenz, dass er plötzlich, wie dann vielleicht bereits die meisten Menschen um ihn, weil er sein individuelles Wesen verliert, nur noch »gruppenhaft«, »volksbetont« oder sogar – »völkisch« wird. Also »völkisch« oder »gruppenhaft« oder »volksbetont« deshalb und in dem Sinne, dass und *weil* er das eigene Individuelle zugunsten eines allein nur noch Gemeinsamen, Kollektiven aufgibt und mit einem ihm Übergeordneten, auch

»Höheren«, ersetzt. Dieses ihm Übergeordnete, »Höhere«, ist dann imstande, ihn zu manipulieren und zu steuern.

Die Absicht der Aufklärung

Es ist also durchaus Absicht, wenn die Aufklärung den Menschen zum selbstständigen Denken führen wollte. Weil sie ihn letztlich auch zum bewussten und somit wahren Menschsein führen wollte. So wie vor ihr vielleicht bereits der Humanismus. Denn Humanismus und Aufklärung haben miteinander zu tun. Wenn sich der Humanismus mit der Menschlichkeit als solcher beschäftigte – auch er forderte die Selbstbestimmung, aber auch Bildung und Tugend –, so beschäftigte sich die Aufklärung vor allem mit der Befreiung des Menschen. Beide bezweckten sie also den Menschen – und letztlich die Überwindung der Waagrechten beziehungsweise die Überwindung des Tieres. Denn es ist das Tier im Menschen, beziehungsweise dessen alleinige Ausrichtung nach der Waagrechten hin, das überwunden werden muss, damit er wirklich wahrer Mensch sein kann.

So wie Europa das Tier beziehungsweise die alleinige Ausrichtung[5] nach der Waagrechten hin überwinden muss oder gar nicht erst an sich herantreten und zur Wirkung kommen lassen darf, um im wirklichen Sinne Europa zu sein oder Europa zu werden. Denn die Gefahr für Europa ist die

---

5 Der Mensch ist trotz allem ein Wesen, das auch mit der Waagrechten in Zusammenhang steht. Es kann also nicht davon die Rede sein, dass er diese in sich grundsätzlich überwinden muss. Er muss sie aber mit der Senkrechten zum Kreuz verbinden, um nicht von ihr allein bestimmt zu sein.

alleinige Ausrichtung nach der Waagrechten hin, also nach
dem Tier. Nach dem Tier, das den einzelnen Menschen beziehungsweise den einzelnen Menschen im Volk, wie Zeus
Europa in der griechischen Mythologie, verführen und entführen – und letztlich sogar in den Abgrund reissen will.

England bewahrte Europa vor dem Abgrund

Fast wäre es der Waagrechten, also dem Tier, gelungen, den
Menschen in den Abgrund zu reissen, nämlich mit Hitler
und seinen Schergen. Es war hauptsächlich England, das,
gemeinsam noch mit den USA, Europa vor dem endgültigen
Verderben bewahrte und dadurch rettete. Also jenes England, das nun umso mehr selber meint, wie übrigens auch die
USA, sich allein von der Waagrechten bestimmen zu lassen,
sodass es deshalb nichts mehr mit Europa in dem Sinne zu
tun haben will – als ob sich das Tier nun rächen wollte. Warum das so ist, bleibt ein Rätsel, weil es der Natur Englands,
wie sie sich im Zweiten Weltkrieg unter Churchill zeigte,
völlig widerspricht. Gerade England, und nicht nur Deutschland und Frankreich, müsste umso mehr an einem geeinten
und vereinten Europa grösstes Interesse haben. Liegt der
Grund für seine nun völlig ablehnende Haltung darin, dass
auch in England das Leben in einer Vergangenheit, die nichts
mehr mit der Realität einer jetzigen Zeit zu tun hat, über-
handgenommen hat? Wenn ja, warum?

Englands Haltung irritiert

Oder leidet England an einer Art Affluenza, also Wohlstandskrankheit – obwohl die Unterschicht in England in äusserst ärmlichen Zuständen lebt? Nämlich an einer Wohlstandskrankheit der »oberen Zehntausend«, denen es wirtschaftlich gut, vielleicht sogar zu gut geht und die so, also mit einem Brexit, den eigenen Wohlstand für sich, und zwar für sich alleine, noch mehr horten wollen? Denn mit einer Abschottung meinen sie vielleicht, England von allen Einflüssen, die diesem Wohlstand gefährlich werden und diesen vielleicht auch stehlen könnten, zu entkoppeln. In der Hoffnung gar, damit für sich vielleicht noch mehr Wohlstand anhäufen zu können? Denn London ist eine Stadt, die alles hat und vielleicht noch mehr will, als sie hat. In London leben sehr viele Milliardäre – aber auch sehr viele Arme. Arme, deren Sorgen man als Wut, nämlich als Wut dann gegen die vielen Ausländer, die ihnen Geld und Arbeit wegnehmen würden, für die eigenen Interessen nutzen und missbrauchen kann.

Zumindest in der Schweiz, wie sie momentan von Christoph Blocher und seiner SVP bestimmt wird, scheint dies eine mögliche Erklärung für deren Abschottung und Wut gegen Europa zu sein. Weil auch in der Schweiz die Meinungen in Bezug auf Europa hauptsächlich von einem Milliardär gemacht werden, der sich dafür ebenso der Sorgen des Volkes bedient.

Auch Donald Trump besitzt ein Milliardenvermögen und konnte mithilfe des Volkes zum Präsidenten gewählt werden – obwohl (auch) er nun alles dafür tut, dass es nicht dem Volk, sondern ihm selbst und seinem Establishment (noch) besser geht.

Wohlstand führt nicht automatisch in die Waagrechte

Doch, wenn dem so wäre, dann müsste Wohlstand den Menschen automatisch in die Waagrechte führen und – in Analogie dazu – Armut in die Senkrechte, was nicht der Fall ist. Denn wie sonst liesse sich beispielsweise ein Mäzenatentum erklären, das zum Teil sehr bewusst in Projekte der Menschlichkeit investiert? Zudem führt gerade die Armut auch in die Waagrechte – und somit in die Arme jener, die als Populisten, Demagogen oder Führer Vertreter der Waagrechten sind und diese für ihre eigenen Ziele und Absichten dann missbrauchen. Es müssen also (noch) andere Kräfte im Menschen wirken, die ein Land wie England oder die Schweiz in Richtung einer Abschottung steuern.

Das (selbstständige) Denken und die Menschlichkeit

Für die Erlangung der Menschlichkeit, für das wirkliche Menschsein, ist es also ausserordentlich bedeutsam, dass der Mensch in seinem (selbstständigen) Denken angesprochen wird. Nicht nur, damit er der eigenen Unmündigkeit entkommt, sondern auch der Gefahr, (wieder) ganz Tier, Herde, gruppenhaft oder »völkisch« zu werden. Denn wer nicht anfängt, (selbstständig) zu denken, wird automatisch Opfer der Waagrechten – und letztlich missbraucht und degradiert. Oder er missbraucht oder degradiert selber, nämlich als Po-

pulist oder Demagoge oder sogar als Führer, der sich über
das Volk erhebt, indem er es unter seine Fittiche nimmt,
ganz in seinem Sinne bearbeitet, also aufhetzt und mit Wut
versieht, und manipuliert. Mit seinen Kehlkopfkräften, die
an die Stelle seines Denkens treten – und auf die Emotionen
des Volkes, auf dessen Triebe einwirken.

Kehlkopf-Kräfte treten an die Stelle des Denkens

Wer nicht (selbstständig) denkt, ersetzt seinen Kopf mit seinem Kehlkopf. Und damit das Kreuz mit dem Tau. So wie
das bei den Tieren der Fall ist, denen ebenso ein Kopf im
eigentlichen Sinne fehlt. Denn nur wer (selbstständig) denken kann, besitzt einen Kopf im eigentlichen Sinne. Hätten
Tiere einen Kopf im eigentlichen Sinne, so wären sie fähig,
wie der Mensch, (selbstständig) zu denken. Dann wären sie
aber nicht mehr Tier, sondern, wie die Menschen, Mensch.
Es ist dies also die Tragik des Tieres, nicht Mensch werden
zu können, sondern Tier zu sein. (Eine Tragik jedoch, von
der es selbst nichts weiss.) – Und die Tragik des Menschen,
dass er immer wieder in sein Tiersein zurückgerissen wird,
wenn er sich nicht stets seines Menschseins, aber auch seiner Unterschiedlichkeit zum Tier bewusst wird. Indem er
beispielsweise das Tier mit dem Menschen verwechselt, es
»vermenschlicht« und auf die gleiche Stufe wie den Menschen erhebt.[6]

---

6   Dies wird wohl auch der Grund sein, weshalb es mittlerweile Tierschützer
    gibt, die meinen, für Tiere Menschenrechte einzufordern.

Wenn der Kopf Ausdruck des mündigen, aufgeklärten und (selbstständig) denkenden Menschen ist, der durch Vernunft und Menschlichkeit und Einsicht (oder *weiter Sicht* wie bei der Europa in der griechischen Mythologie?) geleitet wird, so ist der Kehlkopf Ausdruck desjenigen, sofern er nicht mit dem (selbstständigen) Denken verbunden wird, das allein in der Waagrechten und somit in seinem Tierischen verhaftet bleibt. Dieser allein in der Waagrechten und somit im Tierischen verhaftete Mensch ist es dann, der letztlich die Menschen verführt – und, wie Hitler, ins Verderben führt.

Europa und die griechische Mythologie

Wenn wir die griechische Mythologie zu Betrachte ziehen, so erfahren wir, dass Zeus Europa als Stier verführte und dann entführte. Auch er trat also, wie die heutigen Demagogen, in seiner Waagrechten, als Tier, an Europa heran und nicht als Mensch, da er, wenn er als Mensch an Europa herangetreten wäre, diese wohl nicht hätte verführen und entführen können (und auch nicht hätte verführen und entführen, sondern vielmehr vielleicht deren wahre Identität und Wesen entdecken wollen!). Es war also, so könnte man sagen, wie in der heutigen Zeit, das Tier und somit die Waagrechte (Zeus nahm Europa auf seinen Rücken), die Europa verführte. Weil das Tier nicht den Kopf beziehungsweise das selbstständige Denken anspricht, sondern hauptsächlich oder immer nur die Emotionen, den Trieb – und somit jegliche darwinistischen Regungen im Menschen, also das Tier im Menschen selbst, was, wie angenommen werden kann oder angenommen werden muss, auch bei der Europa der griechischen Mythologie so geschehen ist.

Somit ist die Europa-Geschichte der griechischen Mythologie für den Menschen in Europa, aber auch generell in der Welt, nicht nur eine Geschichte als solche, die tragisch klingt, sondern durchaus auch eine Warnung. Nämlich eine Warnung, vorsichtig zu sein und aufzupassen, sich nicht verführen zu lassen. Aufzupassen vor den Kräften der Waagrechten, sich vor ihnen zu hüten, damit sie Europa nicht wieder entführen und in den Abgrund reissen können. Auch soll man sich überlegen, wie mit Menschen, die selbst in dieser Waagrechten leben und sich diese Waagrechte für sich zunutze machen, umgegangen werden kann oder umgegangen werden muss.

Europa nicht nur als Warnung, sondern auch als Prophezeiung?

Vielleicht ist sie aber auch eine Prophezeiung. Eine, die zum Teil ihre Wirkung bereits gezeigt hat, nämlich zuletzt mit dem Zweiten Weltkrieg unter Adolf Hitler. Weil man solchen Kräften nichts wirklich entgegenzusetzen hatte oder auch entgegenzusetzen wusste oder sich auch generell dieser Kräfte nicht wirklich bewusst war. Man liess sie deshalb in ihrer Wirkung und Entfaltung, völlig unbeholfen und hilflos zuschauend, walten.

Adolf Hitler hatte mit seinen Kehlkopf-Kräften die Fähigkeit, die Menschen so zu verführen, dass sie in ihren niedersten Trieben angesprochen werden konnten und dann genau taten, was er von ihnen verlangte. Indem er – durch eine Art Hypnose, verursacht durch seine Reden, aber auch durch Gewalt und durch das Erzeugen von Angst – deren (selbstständiges) Denken ausgeschaltet, sie in einen Bann gesetzt und so dann für seine Zwecke missbraucht hat.

Zum Glück konnte das Eintreten der völligen Apokalypse im letzten Moment noch verhindert werden. Doch diese kann sich jederzeit wiederholen, je nachdem, wie das Volk auf Populisten und Demagogen reagiert. Und je nachdem auch, wie geschickt Populisten und Demagogen als Vertreter der Waagrechten auf das Volk einzuwirken imstande sind – und man ihnen die Möglichkeit gibt (!), dies zu tun. Je mehr sie Wut oder Hass säen können, desto mehr gewinnen sie das Volk für sich – und können letztlich so dann, indem sie vom Volk gewählt werden oder von diesem ihre politischen Vorstösse bestätigen lassen, die Macht übernehmen. Denn es sind die Populisten und Demagogen, die das Volk verführen und letztlich in den Abgrund reissen. Weil es ihnen nur um sich und ihre eigenen Absichten und Ziele und Macht und nicht um das Volk geht.

Es ist aber auch das Volk, das letztlich entscheidet, ob Europa gerettet oder (wieder) ins Verderben geführt wird – oder in der Sprache der griechischen Mythologie gesprochen: ob Europa (wieder) entführt oder vielleicht doch noch gefunden wird (?).

Vielleicht ist Europa noch nicht wirklich gefunden

Es kann durchaus sein, dass Europa, trotz EU und seiner Geschichte, noch nicht gefunden worden, sondern immer noch verschollen ist, auch wenn Europa als Kontinent besteht. Ihre Mutter und ihre drei Brüder, von denen man auch nicht weiss, wo sie sind, suchen sie vielleicht noch immer.

Oder dass sie zumindest nur als Idee vorhanden ist. Denn Europa bedeutet Menschlichkeit. Und deshalb auch Vernunft und Einsicht. Und Rücksicht. Und ein soziales Verständnis und Verhalten. Auch ein Miteinander statt eines Gegeneinanders. Und das gemeinsame Suchen von Lösungen, wenn irgendwo Probleme anstehen. Alles Eigenschaften also, die das Tier so nicht kennt.

Zu einem gewissen Grad ist Europa gefunden

Viele dieser Eigenschaften sind in Europa aber bereits sicht- und erlebbar. Es könnte deshalb – zu einem gewissen Grad – vielleicht dennoch bereits gefunden worden sein. Vielleicht als Schatten in Bezug auf dasjenige, was es wirklich ist oder wirklich sein könnte? Denn Europa wird immer noch, und jetzt besonders wieder, von Kräften der Waagrechten verführt – und letztlich so dann auch verhindert. Deshalb müssen diese Kräfte, die gerade auch heute wieder Europa schaden wollen, umso mehr bekämpft werden. Und auch überwunden.

Aber wie können solche Kräfte wirklich überwunden werden? Eine Frage, die bisher unbeantwortet bleibt. Denn sie sind immer wieder da, diese Kräfte, auch wenn man sie anscheinend mal überwunden hat. Wie zum Beispiel nach dem Zweiten Weltkrieg. So treten auch heute wieder Menschen auf, die die Nazis verehren und auch selber Nazis sind. Aber auch Populisten und Demagogen, die spalten und Hass säen und auf Konfrontationskurs gehen, statt zu vereinen und zu vermitteln und zu helfen, gemeinsam nach Lösungen bei Problemen zu suchen. Als ob sie den Krieg als Ideal in sich enthalten hätten.

Auch nach dem Ersten Weltkrieg war man fest davon überzeugt, dass eine solche Finsternis nie mehr über Europa hereinbrechen darf. Und dennoch entstand kurz darauf der Zweite Weltkrieg. Weil man die Kräfte der Waagrechten unterschätzte, nicht ernst nahm. Oder vielleicht von ihnen in dem Sinne noch gar nichts wusste. Wie ein Kind, das meinte, dass sich alles automatisch zum Guten entwickeln würde, wenn man nur an das Gute glaubt. Oder an Politiker, die vorgeben, es gut mit dem Menschen zu meinen, obwohl sie das Gegenteil bezwecken.

Wie können Kräfte der Waagrechten gebannt werden?

Wie können also diese Kräfte, wenn sie schon nicht zu überwinden sind, wenigstens gebannt werden? Und vor allem: Warum sind sie nicht zu überwinden, sodass sie deshalb immer wieder erstehen?

Die Antwort auf die letztere Frage ist einfach: Weil diese Kräfte zuerst im Menschen selbst überwunden werden müssten – was aber nicht geht, da der Mensch, zumindest in seiner Physis, selbst auch Ausdruck der Natur und somit dieser Kräfte ist. Um diese Kräfte, die bereits »von Natur aus«, also als Grundveranlagung im Menschen, beziehungsweise in dessen Physis, enthalten sind, zu überwinden, müsste er also auch die Natur als solche vorerst überwinden – was aber auch nicht möglich ist, da er als Mensch selber in der Natur und mit der Natur lebt. Es wäre paradox und auch gegen ihn als Menschen, dies zu tun. Er ist also ein Gefangener der Natur. Sie bindet ihn – wie der Kentaur den Menschen an das Tier bindet (und ihn so in die Natur hinabreisst).

Ein anderes Verhältnis zur Natur als Lösung

Aber sich ein anderes Verhältnis zur Natur aneignen, das kann er tun. Und zwar, indem er sich bewusst ist, dass er zwar – in seiner Physis (und nicht in seinem Geiste!) – selbst Teil der Natur und aus der Natur entstanden ist, sich aber von dieser letztlich dennoch nicht, weil er Mensch ist, bestimmen lässt, da er sich von ihr als menschliches Wesen, also in seinem Geiste, unterscheidet. Denn Mensch sein heisst, nicht den Gesetzen der Natur, also beispielsweise den Gesetzen des Darwinismus, unterworfen zu sein, sondern sich immer wieder davon zu befreien. Zum Beispiel, indem man das soziale Denken fördert. Oder Einsicht und Vernunft übt. Oder gerecht und weitsichtig ist. Nicht der Trieb oder die ausschliesslichen Emotionen sollen dem Menschen also als Massstab dienen (und auch nicht das Tier als Vorbild), sondern die Menschlichkeit, die Vernunft und die Weitsicht. Weil nur die Menschlichkeit, die Vernunft und die Weitsicht Ausdruck des wirklichen Menschen sind und so diesen vor der Waagrechten und deren Verführung schützen. Auch Zeus hat Europa verführt und entführt, indem er sie in die Waagrechte gezwungen hat.

Deshalb bedeutet Menschsein, Ausdruck der Senkrechten oder des Kreuzes und nicht alleiniger Ausdruck der Waagrechten und somit Ausdruck des Taus zu sein. Auch weil der Mensch nur so das einzige Wesen in der Welt, vielleicht sogar im gesamten Universum (?) ist, das (selbstständig) denken und mündig sein kann und sich gerade deshalb von der Natur unterscheidet.

Natur- und Tierschützer lieben die Waagrechte

Eine Einstellung, die für ausgesprochene Natur- und Tier-liebhaber selbstverständlich sehr schwierig ist zu akzep-tieren. Besonders für Tierliebhaber, die sich in besonderer Weise mit den Tieren verbunden fühlen und deshalb vielleicht sogar den Wunsch in sich hegen, selber lieber Tier als Mensch zu sein.

Aber auch religiösen Menschen könnte diese Auffassung Schwierigkeiten bereiten, da sie in der Natur ihren Gott sehen, der sie als Menschen erschaffen hat. Und so deshalb ebenso ganz nach dem Prinzip der Waagrechten und nicht nach dem Prinzip der Senkrechten leben – obwohl sie, zumindest als sogenannte Christen, selber das Kreuz vertreten. Dies ist auch der Grund, weshalb religiöse Menschen nicht selber denken, sondern nur glauben wollen. Oder sich, wie ein unmündiges Kind, von Gott, wie auch immer, oder von einer anderen, nämlich spirituellen Führungsinstanz leiten und führen lassen wollen. Ganz im Sinne der Natur, in der Tiere in Herden zusammengefasst sind und von einem Leittier kontrolliert werden.

Europa, der Kontinent des Menschen

Dass Europa als Kontinent ein Kontinent des Menschen und der Menschlichkeit ist oder wäre, zeigt sich daran, dass in Europa beispielsweise die Menschenrechte errungen worden sind. Oder sich der Humanismus und die Aufklärung offenbarten.

Es zeigt sich besonders aber auch daran, dass Frauen hier am freiesten Mensch sein dürfen, nämlich so wie die Männer. Gerade der Umgang mit Frauen (oder auch mit Homosexuellen, da auch diese diskriminiert werden) ist ein Gradmesser dafür, wie frei und wie menschlich ein Land oder ein Kontinent sein kann oder sein darf. Denn überall dort, wo sie diskriminiert und unterdrückt oder in ein (heterosexuelles) Männer-Konzept hineingedrängt werden, da herrscht letztlich das Prinzip der Waagrechten oder des Tieres und nicht das Prinzip des Menschen. Denn wahres und somit wirkliches Menschsein hat nichts mit Diskriminierung zu tun. Auch nichts mit Unterordnung oder Gehorsam. Und schon gar nichts mit Ungerechtigkeit oder Gewalt.

Auch Religionen diskriminieren

Leider gilt dies auch oder erst recht bei Religionen. Denn auch sie diskriminieren Frauen (und Homosexuelle), verweigern ihnen gegenüber (heterosexuellen) Männern zum Teil massiv die gleichen Rechte – obwohl sie, die Religionen, selbst das Menschenrecht der Religionsfreiheit für sich

beanspruchen und verlangen. Auch der Islam mit seiner
Scharia beansprucht und verlangt für sich das Menschen-
recht der Religionsfreiheit, obwohl er in besonderer Weise
Frauen (aber auch Homosexuelle) diskriminiert – und somit
beispielsweise das Menschenrecht der Gleichstellung und
Gleichwertigkeit mit Füssen tritt. Die katholische Kirche
diskriminiert Frauen, indem sie ihnen das Priesteramt ver-
wehrt und auch generell die Meinung vertritt, dass neben
Vater, Sohn und Heiligem Geist kein weibliches Wesen als
Göttliches existiert.

Europa müsste von den Religionen befreit werden

Europa muss oder müsste also, um wirklich Europa zu sein,
von den Religionen befreit werden. Denn solange Europa
nicht in dem Sinne auch von Religionen befreit ist – aus
diesem Grund erwirkte wohl die Aufklärung die Trennung
von Staat und Kirche, damit wenigstens der Staat in dieser
Hinsicht frei ist –, so lange wird auch Europa sich nie ganz
von einer alleinigen Ausrichtung nach der Waagrechten hin
selber loslösen können. Es sind also auch die Religionen, so
unangenehm dies für religiöse Menschen nun klingt, die
letztlich mithelfen, die Ausrichtung (allein) nach der Waagrechten hin zu begünstigen oder sogar zu fördern.[7] Weil

---

7   Man beachte: Die sogenannt christliche Religion hat selbst ihre Kirchen in
    ihrer Ausrichtung von Westen nach Osten und somit nach der Waagrechten
    hin gebaut.

sie selber, auch die sogenannt christliche Religion, die das Kreuz vertritt, nach der Waagrechten hin orientiert sind. Denn nicht der aufrechte, selbstständig denkende, mündige Mensch ist es, den sie bezwecken und fordern, sondern der kindliche, selbstlose, unmündige, der, der sich einer Führungsinstanz ergibt. »Nicht ich lebe, sondern der Christus in mir!«, ist die Forderung der sogenannt christlichen Religion nach Paulus. So wie jemand fordern würde: »Nicht ich lebe, sondern Napoleon in mir!« Das heisst, das eigene Ich wird gänzlich ausgeschaltet – und dann sogar, was noch schlimmer ist, mit einem (wohl fiktiven?) Fremd-Ich ersetzt. Auch »Werdet wie die Kinder!« propagiert die sogenannt christliche Religion, statt »Werdet erwachsen und mündig, damit ihr euch selber über eine Meinung ein Urteil bilden und euch entscheiden könnt!«.

Die Abhängigkeit von Religionen und die Toleranz

Europa von den Religionen zu befreien, wird aber unmöglich sein, weil viele Menschen von ihnen abhängig sind. Und sie in ihrer Gesinnung in Richtung Senkrechte zu ändern, ist auch nicht machbar, weil sie dann keine Religionen mehr wären. Denn eine Religion, die wirklich im Sinne der Senkrechten Religion sein will, kann nicht mehr Religion im herkömmlichen Sinne sein – und würde dann wohl auch nicht mehr als Religion bezeichnet werden können, da religio, aus dem Lateinischen übersetzt, Rückbindung, nämlich die Rückbindung an die Vergangenheit, heisst. Obwohl dann wirkliche Menschlichkeit und Menschenliebe an die Stelle von Diskriminierung, Unterordnung oder Angst und Furcht treten würden. Die Ideale einer Französischen Revolution, nämlich die Ideale von »Freiheit, Gleichheit und Geschwisterlichkeit«, vielleicht könnte man auch sagen: von »Gleichheit, Gerechtigkeit und Menschlichkeit«, wären dann auch ihre Ideale.

Aus diesem Grund erinnerte man sich wohl dann des Begriffs der Toleranz. Um Religionen halt zu tolerieren, also auszuhalten, zu ertragen. Das heisst, man tolerierte sie, obwohl sie mit ihrem Menschenbild dem Menschenbild Europas, oder besser Europa gar selbst, doch sehr widersprechen, schaden. Denn als aufgeklärter Mensch konnte und wollte man einem Menschen seinen Glauben und auch seine Abhängigkeit von ihm nicht verbieten. Auch heute kann und will man das nicht. Selbst nicht, wenn aus religiösen Gründen immer noch gemeint wird, wie dies im ersten Jahrhundert bereits der katholische Kirchenlehrer Ambrosius gefordert hat[8], dass Frauen ihre Weiblichkeit mit Tüchern und Schleiern verdecken müssen. Oder dass sie in ihren Rechten von Männern eingeschränkt und diesen sogar untergeordnet werden dürfen. Denn solche Forderungen haben mit wahrer Menschlichkeit und deshalb mit Europa nichts zu tun. Auch nicht, dass Homosexuelle bekämpft und verfolgt und vor Gerichte geschleppt werden. Man wundert sich, wie und weshalb man auf solche Forderungen jemals gekommen ist. Forderungen, für die man sich eher doch genieren oder sogar schämen statt einsetzen müsste. Denn Europa bedeutet

---

8   Ambrosius von Mailand, 339 in Trier geboren und 397 in Mailand gestorben, war Bischof und neben Sophronius Eusebius Hieronymus, Augustinus und Papst Gregor I. einer der vier spätantiken Kirchenlehrer des Abendlandes. Er forderte, dass Frauen ihr Haupt verhüllen müssten, da sie nicht das Ebenbild Gottes wären.

Freiheit und Menschlichkeit, und zwar Freiheit und Menschlichkeit für alle – und nicht nur für (heterosexuelle) Männer, die es verstehen und verstanden haben, die ganze Welt samt Religion und Weltanschauung unter ihre Fittiche zu bringen.

Man fragt sich also schon, was Religionen mit und in Europa zu tun haben, da ihr Ziel für den Menschen tatsächlich nicht die Senkrechte, sondern die Waagrechte ist – ohne jetzt als Atheist bezeichnet zu werden. Denn man kann durchaus an ein Höheres oder sogar an ein »Göttliches« (oder was auch immer) glauben, auch wenn man *nicht* religiös ist.[9]

Die Frauen als Garant für Europa

Somit sind oder wären es vielleicht also (auch) die Frauen, die Garant dafür wären, dass Europa menschlich bleibt und sich nicht von Kräften einer ausschliesslichen Waagrechten verführen und entführen und in den Abgrund reissen lässt. Indem gerade (auch) sie sich aktiv für Europa und dessen (oder deren?) wirkliche Bedeutung engagieren. Zumindest für mich, den Autor, erscheint diese Möglichkeit als Hoff-

---

9   Aus diesem Grunde hatte ich mir die Mühe genommen, das Christentum auf Grundlage einer wirklichen Gerechtigkeit und Menschlichkeit zu untersuchen – mit dem Resultat, dadurch auf ein gänzlich anderes Christentum gestossen zu sein. Eines, das beispielsweise das Weibliche völlig miteinbezieht. Da es ein Christentum ist, das auf Erkenntnis (gnosis) beruht und nicht (lediglich) auf Weisheit (sophia), habe ich es, im Gegensatz zum sophistischen, paulinischen Christentum, wie wir es heute kennen, als »gnostisches Christentum« bezeichnet. Siehe hierzu meine beiden Schriften »Das gnostische Christentum« und »Das gnostische Christentum – Teil 2«, die beim Verlag Twentysix erschienen sind.

nung. Nicht nur, weil auch die Europa der griechischen Mythologie weiblich ist – dass sie weiblich ist, scheint eine besondere Bedeutung zu haben –, sondern auch, weil (auch) das Weibliche beziehungsweise, wie mit diesem umgegangen wird, der Massstab dafür ist, ob ein Kontinent oder ein Land ein Kontinent oder ein Land der Menschlichkeit ist. (Dasselbe gilt für homosexuelle Menschen, sodass auch sie ein Massstab dafür sind.) Denn rechtsnationale Strömungen werden hauptsächlich von Männern aufgegriffen und von Männern vertreten. Auch die Weltkriege wurden von Männern ausgelöst. Und der Vatikan, der oftmals ähnlich abwertend und vernichtend über Frauen urteilt wie der Islam, besteht ebenso nur aus Männern. Selbst Präsidenten wie Trump oder Erdogan, die ausgesprochene Patriarchen sind, können einem in Bezug auf die wahre Menschlichkeit Angst und Sorge bereiten.

Frauen unterstützen Religionen

Nicht dass Frauen die besseren Menschen wären, mitnichten, denn es sind gerade Frauen, die beispielsweise, so paradox das tönt – aus einer Art »Stockholm-Syndrom« heraus? –, alles dafür tun, dass Religionen wie der Islam mit seiner Frauenverachtung, aber auch Religionen allgemein, in Europa nicht bedrängt werden[10], oder die mithelfen, dass sich

---

10 Es sind vor allem Frauen aus dem politischen linken Lager, die sich für den Islam in Europa starkmachen – obwohl aus ihren Reihen einst der Kampf für die Frauenrechte entsprang.

Weltanschauungen, die rassistische oder frauenverachtende Standpunkte vertreten, frei entfalten können.[11]

Auch waren es Frauen, die mithalfen, dass sich das Nazitum im letzten Jahrhundert so gut entwickeln konnte.

Doch dass in ihnen eine Erfahrung enthalten liegt, die sie sehr mit der Europa der griechischen Mythologie verbindet, macht für Europa ihre Besonderheit aus: nämlich die Erfahrung, selber immer von Männern verführt und dann auch entführt worden zu sein und auch heute noch von Männern verführt und dann auch entführt zu werden, zum Beispiel für deren Ideologien und Weltanschauungen oder Glauben, samt den darinnen enthaltenen Menschenbildern und Wertigkeiten, die ganz nach Männervorstellung erschaffen sind und ihnen keinen Platz oder nur den von Statisten (oder »Gehilfinnen« wie bei Religionen) einräumen.

Oder aber auch, dass man sie bis weit ins 20. Jahrhundert hinein als Menschen in dem Sinne nicht beachtete oder wahrnahm und somit, wie die Europa der griechischen Mythologie, im Nirgendwo, Unbedeutenden verschwinden liess. So sind sie weder bei Friedenskonferenzen nach dem Ersten und Zweiten Weltkrieg mit dabei oder sichtbar noch als ebenso göttliches Wesen im religiösen Glaubensbild einer sogenannt christlichen Kirche, das mit seiner Trinität rein männlich ist, geschweige denn im Vatikan als Mitglied der

---

11 Hier meine ich vor allem die Anthroposophie, deren Begründer Rudolf Steiner nicht nur rassistische, sondern auch frauenfeindliche Lehren vertrat. So sind für ihn beispielsweise nur die weisse Rasse und das männliche Geschlecht das Ziel der menschlichen Entwicklung. Alle anderen Rassen und das weibliche Geschlecht würden im Verlaufe der weiteren Menschenentwicklung absterben (müssen). Weil die Anthroposophen ihrem »Menschenführer«, den sie als den grössten »Eingeweihten« der Zeit verehren, völlig ergeben sind, stellen sie auch kein einziges Wort von ihm infrage, auch selbst dann nicht, wenn sie von Gerichten dazu aufgefordert werden.

Kardinäle (!) enthalten. Auch wurden sie bis fast in unsere Zeit hinein, so zumindest in der Schweiz (!), als Stimmberechtigte bei politischen Wahlen ausgeschlossen.

Europa ohne Frauen ist eine Karikatur

Deshalb kann man mit absoluter Bestimmtheit und Gewissheit sagen: Solange Frauen nicht ebenso voll und ganz in der äusseren Welt mit dabei und sichtbar und also angekommen sind (und deshalb auch ohne religiöse Verschleierung, die sie wieder verstecken will, auftreten), so lange bleibt Europa verschollen, nicht auffindbar, verklärt. Oder sogar eine Karikatur von sich selbst, ein Schatten. Man müsste also der Mutter und den drei Brüdern, die nach ihr suchen, ein Zeichen geben, damit sie sie wirklich, und nicht nur als Andeutung oder als Schatten, finden. Denn wenn sie Europa nur als Andeutung oder als Schatten finden, dann finden sie sie letztlich (tatsächlich) nicht. Weil ein Schatten nur ein totes Abbild und nicht das lebendige Wahre eines Menschen, also der Mensch selbst, ist. Und dieses Zeichen ist der Mensch und somit – symbolisch gesprochen – das Kreuz. Weil das Kreuz – symbolisch gesprochen – Ausdruck des Menschen ist. Im Gegensatz zum Tau, einem Kreuz ohne Kopfteil[12], und zur ausschliesslichen Waagrechten, welche beide mit dem Tier (oder sogar mit dem Tierischen?) in Zusammenhang stehen.

Europa muss in seiner wahren Bedeutung verstanden werden

Die Gefahr für Europa, dass es zugrunde geht oder gar nicht erst in seiner eigentlichen Bedeutung gefunden oder erfahren werden kann, liegt also im Umstand, es nicht wirklich in seinem wahren Sinne, in seiner wahren Bedeutung zu verstehen und zu leben – sondern im Sinne des Verfälschten. Deshalb ist das »Problem« Europas eigentlich nur ein einziges, nämlich das Problem des Taus beziehungsweise der Waagrechten, wenn diese allein (wieder) ihre Bedeutung erhält. Europa muss oder müsste also anfangen, sich endlich und überhaupt ganz im Sinne des Kreuzes zu verstehen, da es sich auch erst dann ganz im Sinne des Menschen versteht – auch wenn dies nun Vertreter der islamischen oder jüdischen Religion wohl

---

12 Indem sich Frauen ihren Kopf mit Tüchern und Schleier verhüllen, machen sie ihn unsichtbar und somit sich selber zum Tau. Als Tau-Wesen besitzen sie keinen Kopf. Dadurch werden sie verfügbar. Ihr Kopf wird dann (tatsächlich) durch den Kopf oder besser den »Kehlkopf« des Mannes ersetzt, der gemäss Religionsauffassung als Wesen über ihnen steht. Deshalb sprach auch Paulus (im ersten Brief an die Korinther) davon, dass das Haupt Christi das Haupt des Mannes und das Haupt des Mannes das Haupt der Frau wäre. Der Mann brauche sich das Haupt nicht zu verhüllen, weil er Abglanz Gottes wäre, dies im Gegensatz zur Frau.

so nicht akzeptierten.[13] Dann erkennt man auch, weshalb in Europa schon immer der Mensch das zentrale Thema war, sodass sich in Europa und nicht in Asien oder Amerika und vor allem auch nicht in Arabien, das einst aber Hochburg der Wissenschaft war, beispielsweise der Humanismus und die Aufklärung und daraus letztlich die Menschenrechte entwickelt haben. Eine Neugründung Europas beziehungsweise der EU, die in dem Sinne das Gerüst Europas darstellt, wie dies der französische Präsident Macron vorschlug, wäre oder ist also nicht nötig. Weil die »Probleme« auch dann, also mit einer Neugründung, trotz eines solch enormen Aufwands, der zu erwarten wäre, dieselben blieben. Denn diese liegen nicht in Europa oder an Europa selbst, sondern am Bewusstsein, wer oder was Europa ist oder wirklich zu sein hätte. Auch bei einem neugegründeten Europa erstünden rechtsnationale Kräfte, die es verführen, entführen und letztlich dann in seine eigene Vernichtung führen möchten. Deshalb sind auch alle diese Kräfte gegen und nicht für Europa. Und letztlich auch gegen und nicht für das Weibliche (beziehungsweise gegen ein aufgeschlossenes und für ein patriarchales Menschenbild).

Es wäre interessant zu erfahren, wie Religionen wirklich zu Europa stehen, da auch diese, allesamt, gegen das Weibliche (und für ein patriarchales Menschenbild) sind.

---

13 Dass die Vertreter der islamischen und jüdischen Religionen dies so nicht akzeptierten, wäre jedoch unverständlich, da das Kreuz symbolisch in erster Linie mit dem Menschen und nicht mit der angeblich christlichen Religion zu tun hat.

Um Europa zu retten, müssen die Kräfte der Waagrechten erkannt und bekämpft werden

Um Europa zu retten oder in seiner wahren Bedeutung erst eigentlich zu finden, müssen oder müssten also vorerst all jene Kräfte, die die Kräfte der Waagrechten sind, erkannt, angesprochen und gemeinsam, vielleicht mit diesen Kräften gar selbst (?), bekämpft werden. Schon das Bewusstwerden, dass es solche Kräfte gibt, die angesprochen werden müssen, ist ein erster Schritt dazu.

Dafür wäre eine (oder mehrere) Konferenz(en) nötig, bei denen man sich mit den folgenden drei Schwerpunkten, die die »Ermöglicher« dieser Kräfte sind, beschäftigt und, vielleicht mit diesen Kräften gemeinsam (?), nach Lösungen sucht. Diese drei Schwerpunkte sind:

1. Der Umgang mit Menschen, die den Kräften der Waagrechten unterworfen sind und so, als Populisten, Demagogen, das Volk verführen.
2. Der Umgang mit dem Volk, das sich als ein Kollektiv unmündiger Menschen von Populisten und Demagogen verführen lässt.
3. Der Umgang mit Religionen, die ebenso dazu beitragen, den Menschen in der Waagrechten zu behalten, statt ihn in Richtung des selbstständig denkenden, aufgeklärten Menschen zu führen.

Über das Volk

Da das Volk nicht, wie von einer Aufklärung wohl beabsichtigt, eine Gemeinschaft mündiger, (selbstständig) denkender Menschen (geworden) ist, liegt in ihm die meiste Gefahr, dass Europa verunmöglicht oder gar gänzlich verhindert oder zerstört werden kann. Denn eine »Masse«, die nicht denkt, ist manipulier- und deshalb verführbar. Sie reagiert dann auf Emotionen, und je niederträchtiger sie sind, so hat man den Eindruck, umso mehr. Aus diesem Grund bezeichnen sich politische Parteien, denen das Volk besonders »am Herzen« liegt, wohl auch, wie beispielsweise in der Schweiz bei der SVP, meist als »Volksparteien« und deren Protagonisten als »Volksversteher«. Denn diese Parteien wissen, dass man nur mit dem Volk und durch das Volk an die Macht kommen und seine eigenen Absichten realisieren kann. Das Tragische dabei ist nicht nur, dass diese Erkenntnis stimmt, und sie stimmt, weil das Volk die Aufklärung verschlafen hat, sondern für die eigenen Absichten missbraucht und ausgenützt werden kann – und zwar so, dass es dem Volk selbst letztlich zum Schlechten und nicht zum Guten dient. Aus diesem Grund wohl wollen alle »Volksführer« immer zuerst den Sozialstaat abbauen und für die Reichen die Steuern senken, sobald sie an der Macht sind. Ein Beispiel hierfür bietet momentan, in sehr eindrücklicher Weise, Donald Trump. Joseph Goebbels, dessen Volk ganz in den Händen der Nazis war, führte es im Auftrag Hitlers sogar, indem er es dafür begeisterte (!), in den »totalen Krieg«. Auch dass Boulevard-Zeitungen, die meist sexistisch sind und mit grossen Buchstaben und Bildern arbeiten, so grosse Leserschaft anziehen, weist darauf hin, dass man das Volk am besten, wenn man es für sich gewinnen will, in seinen Emotionen und Trieben abfangen muss.

Die Frage in Bezug auf das Volk lautete also: Wie kann das Volk, beziehungsweise die einzelnen Menschen darinnen, zur Mündigkeit geführt werden, damit es selbst erkennt, welches die Gefahren sind und welche wirkliche Absicht sich hinter Demagogen und Populisten verbirgt? Auch die Frage, wer denn letztlich als Demagoge oder Populist bezeichnet werden kann und warum, muss bewusst gemacht werden.

Dafür wäre wohl eine heute wieder geforderte Aufklärung das Mittel dazu. Eine, die vielleicht auch die Medien dazu bringt, in diesem Sinne aktiv zu sein, zu berichten. Auch in den Schulen könnte, mittels Bildung und Bildungsauftrag, Aufklärungsarbeit geleistet werden. Was dann beispielsweise mit Waldorfschulen zu geschehen hat, deren Menschenbild davon ausgeht, dass der Kopf, wie deren Begründer Rudolf Steiner vertrat, derjenige Teil beim Menschen wäre, der am wenigsten mit dem Menschen zu tun habe, und deren Rassenlehre und Personenkult mehr an eine andere Ideologie als an ein wahres Menschsein erinnern, müsste ebenso ernsthaft diskutiert werden. Vielleicht müssten sogar, je nachdem, die Gesetze geändert werden, um Tendenzen, die das menschliche Denken infrage stellen, besser oder überhaupt begegnen zu können.

Das »Tragische« an einer Aufklärung jedoch ist, zumindest für die Populisten, dass sie letztlich bewirkt, dass es ein »Volk« in dem Sinne dann nicht mehr gibt. Denn es wird »aufgelöst« beziehungsweise als »Masse« unmündiger Menschen zu einer Gemeinschaft mündiger, selbstständig denkender Menschen umgewandelt, mit der Volksverführer aber nichts mehr anzufangen wüssten. Es wäre für sie nicht mehr oder nur noch sehr schwer möglich, den Menschen für ihre eigenen Absichten zu benutzen und zu manipulieren. Denn Volksverführern geht es letztlich nur um sich selbst – und niemals um das Volk, auch wenn sie das Gegenteil behaupten und sich auch möglichst »volksnah« präsentieren. Sie präsentieren sich möglichst »volksnah«, obwohl sie als Milliardäre, was sie vielfach sind, aber unendlich weit entfernt vom Volk sind, das seinen Lebensunterhalt meist mit gewöhnlichem Arbeiten und niedrigen Löhnen verdienen muss. Das Volk ist für sie aber Mittel zum Zweck.

Das grosse Problem jedoch, wenn man das Volk aufklären will, ist, dass es sich meist nicht aufklären lassen will oder es nicht versteht, was man meint, wenn man es aufklärt. Weil ihm als Volk oftmals die Fähigkeit fehlt, (selbstständig) denken zu können, und es dafür mehr in den Emotionen lebt. Und wenn man es mit einfachster Sprache dennoch bis zu einem gewissen Grad aufzuklären imstande war, dann entscheidet es sich letztlich doch für jene Verführer, die es, wie es meint, am besten und in überzeugendster Weise in seinen eigenen Sorgen – und damit meint es wohl in seinen eigenen Emotionen und Trieben; oder warum sonst lässt es sich von ihnen dann in das eigene Verderben führen? – verstehen. Das ist also die grosse Tragik des Volkes, sodass man es eigentlich tatsächlich, wie anfangs in dieser Schrift erwähnt, in seiner Bestimmungsgewalt »entmündigen« müsste, bis dass es selber mündig geworden ist. (Einem Kind gibt man auch kein Stimmrecht, weil es unmündig ist.) Denn seine Mündigkeit, die es mit seiner Bestimmungsgewalt hat, ist nur eine scheinbare, und zwar deshalb, weil sie sehr leicht von Demagogen und Verführern für eigene Zwecke willfährig gemacht und dann missbraucht werden kann.

Deshalb scheinen es auch meist die Dümmsten zu sein, die Neonazis werden. Weil sich diese auch am meisten von ihren eigenen Emotionen und Trieben und nicht von ihrem Verstand, geschweige denn von ihrer Vernunft, von der sie vielleicht gar nicht wissen, dass es sie gibt, leiten lassen.

Die Frage, wie das Volk immerwährend auf den Weg der

Menschlichkeit und des Menschen geführt werden kann, bleibt also eine überaus schwierig zu beantwortende. Oder zumindest eine, deren Beantwortung viel Kraft und Aufwand erfordert.

Leider helfen die islamistisch motivierten Terroranschläge, wie sie zurzeit Europa beschäftigen, oder die Flüchtlingsströme aus armen, korrupten und Krieg führenden Ländern den Populisten und Volksverführern umso mehr, das Volk für sich und ihre eigenen Absichten zu gewinnen. Sie arbeiten den Populisten in die Arme – obwohl beides mit Europa in dem Sinne nicht direkt oder überhaupt nichts zu tun hat und deshalb getrennt betrachtet werden muss. Hierfür sollten vielleicht tatsächlich die Abgrenzungs- beziehungsweise die Sicherheits- und Flüchtlingspolitik besser organisiert und auch besser miteinander abgesprochen werden. Doch dafür müsste auf eine völlige Einigkeit und auf ein völliges Miteinander gebaut werden können. Da nur in der Einigkeit und im Miteinander Stärke und Effektivität liegen. Wenn sich Länder wie Polen oder Ungarn, wie beispielsweise bei der Flüchtlingspolitik, querstellen, so werden diese Probleme nicht oder nur einseitig gelöst werden können.

Vielleicht müsste Europa den betreffenden Ländern, aus denen die Flüchtlinge kommen, auch deutlicher erklären, dass sie letztlich selbst für ihre Menschen verantwortlich sind. Auch in Bezug auf die Armut.

Über die Menschen, die den Kräften der Waagrechten unterworfen sind

Wie steht es nun aber um die Menschen, die als Populisten wirken, weil sie selbst den Kräften der Waagrechten unterworfen sind? Wie geht man mit ihnen um? Und wie bringt man sie zur Einsicht, dass sie mit ihrem Gebaren Europa (tatsächlich) mehr schaden als nützen? Bringt man sie überhaupt zu einer Einsicht?

Die Antwort hierzu scheint sehr nüchtern auszufallen: Nein. Man bringt sie zu keiner Einsicht. Denn durch ihre Ideologie, die sie vertreten, schöpfen sie Kraft und Energie. Nämlich für ihren Narzissmus. Und auch Selbstbestätigung und Sinn. All dies veranlasst sie umso mehr, sich im Sinne ihrer Ideologie zu betätigen. Ein Teufelskreis also, der nicht unterbunden werden kann – und auch niemals von diesen betreffenden Menschen selbst unterbunden werden will. Denn wer gibt schon selber gerne auf, was ihm (scheinbar) am meisten nützt und guttut, auch wenn er anderen Menschen dadurch schadet? Zum Beispiel schadet, weil diese dafür ihre Vielseitigkeit, kulturelle Vielfarbigkeit und Individualität aufgeben müssen?

Dieser Punkt einer möglichen Konferenz scheint also der schwierigste zu sein, also (noch) schwieriger als der des Volkes.

Über die Religionen

Besonders schwierig scheint auch der Umgang mit den Religionen zu sein. Also mit jener Einrichtung, die wie die Volksverführer ein Volk benötigt, um ihren Einfluss, ihre Macht geltend zu machen, nämlich ein Volk von Gläubigen. Eines, das ebenso unmündig und »selbst-los« bleiben soll, damit es umso empfänglicher für die eigenen Absichten ist. Diese eigenen Absichten werden als Absichten Gottes bezeichnet, was auch immer Religionen jeweils unter »Gott« verstehen. Deshalb kann man durchaus auch die Religionen als »Volksverführer« bezeichnen. Auch die sogenannt christliche, die sich sogar (wohl fälschlicherweise) des Kreuzes als Symbol bedient, obwohl sie eher das Tau und die alleinige Ausrichtung nach der Waagrechten vertritt. Dass Völker als Völker weiterbestehen, liegt also durchaus in ihrem Interesse. Der individuelle, selbstständig denkende und aufgeklärte Mensch läuft ihnen, den Religionen, deren Interessen die Interessen von Macht und Machterhaltung sind, zuwider. Mit ihm können sie nichts anfangen, da er letztlich ihre eigene Macht infrage stellt oder sogar bedroht. Schon der Hohepriester Kaiphas meinte, als es um den wahren Menschen ging, dass es besser wäre, der wahre Mensch sterbe für das Volk, als dass das Volk verderbe, sodass er deshalb, mithilfe des Volkes, Barabbas anstelle des wahren Menschen frei liess.[14]

Es ist also auch für die Kirche tatsächlich das Volk, das sie für ihre eigenen Zwecke am meisten braucht, und nicht der individuelle, selbstständig denkende, mündige Mensch. Im Gegenteil, der individuelle, selbstständig denkende, mün-

---

14 Siehe hierzu Mk 15, 7-15 oder Lk 23, 18.

dige Mensch hat für sie sein eigenes Ich aufzugeben, weil er ihr nichts wert ist. Selbst-los soll er werden und kindlich. Und gefügsam. Denn »nicht ich lebe, sondern der Christus in mir«, lehrte Paulus die Menschen. Also Paulus, der die Frauen hasste.

Und da für die Kirche der individuelle, selbstständig denkende Mensch nichts wert ist, erzieht sie den Menschen auch bewusst in Richtung des kollektiven, unbewussten Menschen, also in Richtung Volk und Waagrechte. Denn auch für sie dient der Mensch, wie für die Populisten, nur als Mittel zum Zweck und nicht als Zweck selbst. Es wird wohl die Schlange sein, die das Gegenteil behauptet. Somit kann man sie, wenn man ganz streng sein will, gar als Wegbereiter für die Populisten bezeichnen. Denn ohne Menschen, wie sie die Kirche formt, hätten auch die Populisten keine Möglichkeit und auch keine Macht, den Menschen zu verführen. Ob aus diesem Grund viele der unzähligen Populisten sehr »gläubig« sind? Zumindest Donald Trump, der Bibelsammler und Apokalyptiker, ist es. Als Apokalyptiker geht er davon aus, dass das »neue Jerusalem« Amerika wäre und dieses nur mit Krieg zu erlangen sei. Auch Christoph Blocher, der als siebtes von elf Kindern in einer Pfarrfamilie aufwuchs und an seinem Zweitwohnsitz in einem Schloss in Rhäzüns lebt, ist sehr gläubig. Dessen Bruder war sogar selbst (wieder) Pfarrer.

Auch dass jenes männliche Wesen, das in der griechischen Mythologie Europa entführte, ein Gott war, ist sehr bemerkenswert. Ist dies bereits ein Hinweis darauf, dass gerade auch (oder erst recht?) Religionen die Menschen verführen und entführen? (Haben also Religionen Europa verführt und entführt und somit von ihren wirklichen Zielen und von ihrer wirklichen Aufgabe weggeführt?)

Wie geht man also mit Religionen um, wenn auch sie

letztlich für Europa schädlich sind und so das wahre Europa verhindern? Denn die Religionen, und in Europa besonders die sogenannt christliche, sind im Menschen und in den Völkern sehr verankert. Sie lassen sich wohl nicht mehr einfach so aus den Köpfen und Seelen der Menschen verbannen. Man sieht dies beispielsweise sehr deutlich an Polen, das heute noch sehr stolz ist, einen eigenen Papst hervorgebracht zu haben – und gleichzeitig – sinnigerweise? – gegen Europa opponiert. Auch in Italien ist man sehr gläubig und stolz darauf, katholisch zu sein. Zudem haben Religionen die Kultur Europas – man denke hier an die romanischen oder gotischen Kathedralen oder an die Musik – mitgeformt oder sogar gänzlich bestimmt. Und wer wollte denn schon wirklich etwas gegen diese – ehrlicherweise – wunderschöne Kultur sagen? Nur: Leben wir heute tatsächlich immer noch in dieser Zeit, als beispielsweise die gotischen Kathedralen als Gebäude Gottes gebaut wurden? Nein, selbstverständlich nicht. Wir leben heute in einer gänzlich anderen Zeit. Denn die Zeiten ändern sich und wir uns mit ihnen. Auch hier verhält es sich also wie bei den Populisten, die mit ihren Gedanken in einer vergangenen Zeit leben und meinen, diese mit der jetzigen gleichzusetzen. Oder in anderen Worten: Auch wenn die Kultur in der Vergangenheit von den Religionen bestimmt wurde, so muss sie dennoch nicht auch in der Zukunft von diesen bestimmt werden. Oder wer oder was ist wichtiger? Der Mensch, der mit und durch Europa und auch wie Europa sein wirkliches Menschsein (oder Gesicht?) finden muss – oder die Religionen, die sich vor und über den Menschen stellen?

Wenn man also in einer möglichen Konferenz auch über die Religionen berät, so muss man dort entscheiden, wie viel Bedeutung Religionen in einem wirklichen Europa noch zugestanden werden soll oder zugestanden werden darf. Es wäre interessant, hierbei die Religionen miteinzubeziehen und einzuladen, selber Vorschläge in Bezug auf ihre Daseinsberechtigung in Zukunft zu machen und auch einzubringen. Denn eine Einrichtung, die vorgibt, für den Menschen zu sein, sollte sich auch wirklich als Einrichtung für den Menschen zeigen. Weil alles, was den Menschen »ent-ichen« und in einen unmündigen Zustand zurückführen, aber auch diskriminieren oder unterordnen will, nichts mit dem wahren Menschen zu tun hat. Oder ist – auch hier – Gott wichtiger als der Mensch? Wer oder was aber ist dann ein Gott, der sich vor und über den Menschen stellt? Ein Gott der Waagrechten? Und deshalb tatsächlich (nur?) ein Gott der Natur und des Tieres? Hat der Mensch also gar nichts mit Gott zu tun?

Schlussfolgerung

Es bleibt viel zu tun, wenn Europa gerettet oder gar erst gefunden werden will. Ob die Menschen selbst aber diesen Schritt, nämlich den Schritt in Richtung wirklicher Menschlichkeit und Vernunft, gehen wollen, ist eine andere Frage und in ihrer Beantwortung zurzeit durchaus offen. Auch weil sich anderweitig immer mehr eine Entmenschlichung breitmacht, nämlich die der Digitalisierung und Roboterisierung. Denn Roboter sollen in Zukunft immer mehr den Menschen ersetzen. Ob da noch die Kraft oder der Wille besteht, also neben der Gefahr der Roboterisierung, die die Menschen ersetzt, sich der Gefahr durch den Menschen, der sich allein der Waagrechten hingeben will, zu stellen?

Nicht dass jetzt die Digitalisierung und die Roboterisierung als solche schlechtgeredet werden sollen. Denn es geht (auch) hier vielmehr darum, wie der Mensch damit umgeht. Zudem kann eine Entwicklung, wenn sie mal angestossen wurde, nicht mehr einfach so gestoppt werden.

Dass da noch die Kraft und der Wille bestehen, hoffe ich sehr. Weil sonst bliebe letztlich nicht mehr viel vom Menschen übrig. Vielleicht nur noch die Erinnerung an ihn. Und die Mutter und die drei Brüder wären tatsächlich vergeblich ausgezogen, um Europa und somit die Menschlichkeit oder gar den Menschen selbst zu finden. Europas Gesicht wäre für immer verloren – oder niemals wirklich erst geboren oder gesehen worden. Ich gehe davon aus, dass diese Geschichte der griechischen Mythologie nur als Warnung und nicht als Prophezeiung niedergeschrieben wurde. Deshalb heisst das für mich: Europa ist (immer) noch nicht verloren. Obwohl es immer schwieriger wird, sie (noch) zu finden.

Wenn dem so ist, was ich hoffe, dann bliebe eigentlich nur noch eine Frage offen: Wer sind die Mutter und die drei Brüder, die sich auf den Weg machten, Europa zu suchen?